I0786435